Birgit Ortmüller

Stille finden
IN DER
Weihnachtszeit

24 + 8
Impulse
VON ADVENT
BIS NEUJAHR

BRUNNEN
Verlag GmbH · Giessen

Das Marmeladenplätzchen-Rezept auf S. 125 ist aus dem Buch:
Susanne Degenhardt (Hrsg.): *Wir feiern Weihnachten. Christliche Bräuche, Lieder, Geschichten und vieles mehr für eine besinnliche Weihnachtszeit.*
Copyright © 2023 Brunnen Verlag GmbH, Gießen.

© 2024 Brunnen Verlag GmbH, Gießen
Lektorat: Carolin Kotthaus
Umschlagfoto: pexels.com / Ioana Motoc
Gestaltung und Satz: Daniela Sprenger
Fotos: AdobeStock, pexels.com
Druck: Graspo, Tschechien
ISBN 978-3-7655-3214-6

www.brunnen-verlag.de

Inhalt

Willkommen, lieber Dezember

Der letzte Monat im Jahr hat begonnen.

Ich freue mich auf dich, Dezember, und heiße dich herzlich willkommen.

Deine Tage sind immer reich gefüllt; für die Erwachsenen bist du ein umtriebiger Monat, häufig randvoll mit Terminen und Besorgungen. Und doch ergreift mich eine freudige Anspannung, eine feierliche Stimmung, wenn ich über diese besondere Zeit nachdenke: die Adventszeit.

Die Kinder sind bereits in freudiger Erwartung und schreiben eifrig ihre Wunschzettel in der Hoffnung auf Erfüllung.

Eigentlich möchtest du uns auch zur Ruhe einladen – nicht umsonst werden die Tage kürzer. Und bei aller Geschäftigkeit verspüre ich tatsächlich den Zauber dieser besonderen Tage. Ein Lächeln huscht über mein Gesicht, wenn in mir das Kind von einst erwacht.

Für die Geschäftsleute bist du, lieber Dezember, ein wichtiger Monat, denn du bist äußerst profitabel, mit dir kann man richtig Umsatz machen, die Kassen füllen. Deiner eigentlichen

Bestimmung nach Besinnung und Ruhe wirst du kaum noch gerecht, sosehr du es dir vielleicht auch selber wünschst.

Dieses Jahr möchte ich dir die Würde zurückgeben und bewusst deine frühe Dunkelheit für die Adventszeit nutzen, um zur Ruhe zu kommen. Es ist eine heilige Zeit. Der Tag geht schnell zur Neige, die Dämmerung bricht schon am Nachmittag herein, die Aktivitäten im Freien sind begrenzt.

Ich besorge mir eine besondere Kerze, eine 24-Tage-Kerze; sie soll mich mit ihrem besinnlichen Schein Tag für Tag durch den Advent begleiten und den Alltag mit all seinen Herausforderungen kurzzeitig vergessen lassen.

Auch wenn ich mir nur ein paar Minuten nehme, sind diese doch wertvoll und wohltuend. So viel Zeit sollte sein, gerade jetzt im Advent. Solch eine Auszeit plane ich mir täglich ein – für die stillen Tage im Dezember bis ins neue Jahr.

Ich freue mich auf unsere gemeinsame Zeit, lieber Dezember, denn du hast die Ehre, die Adventszeit und auch das Weihnachtsfest in dir zu tragen. Schön, dass du das Jahr so würdevoll beendest und uns den Übergang in ein neues Jahr bescherst.

Advent

Es treibt der Wind im Winterwalde
die Flockenherde wie ein Hirt,
und manche Tanne ahnt, wie balde
sie fromm und lichterheilig wird, und lauscht
hinaus. Den weißen Wegen
streckt sie die Zweige hin – bereit
und wehrt dem Wind und wächst entgegen
der einen Nacht der Herrlichkeit.

Rainer Maria Rilke (1875–1926)

Liebe Leserin, lieber Leser,

ich lade dich ein, die Tage im Advent auf dich wirken zu lassen. Hin und wieder werde ich dir Fragen an die Hand geben, mit denen du deine ganz persönliche Adventszeit reflektieren kannst. Suche bewusst die Stille und schreibe deine Antworten, Gedanken und Erinnerungen auf.

Nimm dir Zeit, genieße, komme an in der Stille.

Ich wünsche dir eine besinnliche Zeit und immer wieder heilige Momente im Advent, die dich berühren und Weihnachten neu erleben lassen.

Deine Birgit Ortmüller

Welche Erwartungen und Wünsche für die Adventszeit trägst du in dir?

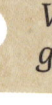

Wie kannst du deinen Gedanken genug Zeit und Raum geben?

1. Dezember
ADVENTSZEIT

Es ist der 1. Dezember, die Adventszeit beginnt. Ich spüre eine kindliche Freude und möchte diese Zeit mit ein paar Minuten der Stille, der Besinnung und der Erinnerung besonders gestalten.

Gedanklich begebe ich mich auf einen Weg durch den Advent. Im Gepäck habe ich Neugierde, Aufmerksamkeit und Ruhe. Jeden Tag möchte ich dem Ziel von Advent entgegengehen: Weihnachten.

Weihnachten – auch bei mir im Herzen.

Freudig zünde ich meine 24-Tage-Kerze an. Ich gewöhne mich an das gedämpfte Licht und erkenne immer mehr Umrisse um mich herum. Das zarte Flackern der Kerze ist beruhigend. Selbst wenn die Flamme noch so zaghaft brennt, erhellt sie doch den ganzen Raum. Der Schein der Kerze erinnert mich an ein Bibelwort:

*Das geknickte Schilfrohr wird er nicht abbre-
chen und den glimmenden Docht nicht aus-
löschen.*

Jesaja 42,3

Das Bild in diesem Vers macht mich dankbar.
Auch wenn mein Glaube einem glimmenden
Docht gleicht, kann Gott ein loderndes Feuer
daraus entstehen lassen. Er hält an mir fest
und glaubt an mich. Mit seiner Hilfe wird mein
Glaube wachsen und hell leuchten.

Eine Stille geht von dem Kerzenlicht aus und
ich spüre eine angenehme Ruhe in mir. Ich lasse diese heimelige Stimmung auf mich wirken.
Sie berührt mein rastloses Herz und möchte es
behutsam öffnen für die frohe Botschaft der
Weihnacht.

*Verbringst du deine Adventszeit
immer am gleichen Ort?*

*Hast du dir vielleicht auch schon eine
„Adventsecke der Stille" eingerichtet?*

2. Dezember

ERWARTUNGSVOLLE FREUDE

Ob es mir gelingt, innezuhalten und aufmerksam zu sein?

Ja, ich bin gespannt und freue mich auf diese Tage im Dezember. Ich öffne mein Herz, damit die frohe Botschaft mich täglich erreichen kann. Dabei spüre ich, wie ein leichtes Kribbeln in der Magengegend mich sanft durchströmt.

Gedanklich plane ich bereits Einkaufs-, Back- und Besuchszeiten – aber auch wichtige Auszeiten, um zur Ruhe zu kommen. Ich schreibe alle meine Ideen auf; dadurch gehen sie mir nicht mehr verloren. Es tut mir gut, meine Tage im Dezember zu strukturieren und mit einem Zeitplan zu versehen. Diese Übersicht schafft Ordnung auf dem Papier und auch in mir, sie schenkt Gelassenheit.

Die Adventszeit hat ja gerade erst begonnen und ich möchte der Stille Raum geben. Alles hat seine Zeit und ich zünde meine Kerze an und tauche ein in das gedämpfte Licht, besinne mich auf die eigentliche Bedeutung der Adventszeit.

Wir leben in der hoffnungsfrohen Erwartung von Gottes Sohn. Bei all den täglichen Anforderungen will ich diese Botschaft nicht aus den Augen verlieren. Sie soll der wahre Grund meiner Freude sein.

Wie viel Zeit nimmst du dir für deine Stille im Advent?

Versuche einmal, alle deine Ideen und To-dos niederzuschreiben und zu strukturieren, bevor du in deine Stille Zeit gehst. Vielleicht hilft es dir, gedanklich zur Ruhe zu kommen.

3. Dezember

ADVENT IN MIR

Advent bedeutet Ankunft, das ist mir bewusst. Aber dieses Wissen wirft in mir verschiedene Fragen auf:

Bin ich vorbereitet auf diese Ankunft? Warte ich wirklich auf das Kind in der Krippe?

Lebe ich in dieser freudigen Erwartung, habe ich mein Herz dafür geöffnet?

Lade ich das Christuskind ein in mein Leben, meinen Alltag, heiße ich es herzlich willkommen?

Die Antworten darauf finde ich in mir und meiner Lebenshaltung. In der Ankunft werden meine Annahme und Offenheit für die frohe Botschaft der Liebe Gottes deutlich. Wirklich willkommen heißen kann ich nämlich nur den, den ich auch erwarte.

Um mich herum spüre ich oft eine ganz andere Art von Erwartung. Lautes Treiben, hektisches Durcheinander, wenig Zeit, goldverzierte und blinkende Dekorationen und obendrauf noch stimmungsvolle Musik, die gar nicht den Takt der Ruhe und Stille kennt. Diesen Dezember möchte ich mich nicht einfach mittreiben lassen, sondern mal bewusst das Weihnachten der lauten Welt ausblenden.

Es geht um mich und meine persönliche Erwartungshaltung. Nur wenn ich den ankommenden Herrn freudig erwarte, kann es auch Advent in mir, in meinem Herzen werden. Dann zieht Frieden ein, der auch für andere sichtbar wird.

Vorsichtig öffne ich die Tür meines Herzens. Ich möchte Advent in mir spüren und bin bereit.

Noch ist Herbst nicht ganz entflohn,
aber als Knecht Ruprecht schon
kommt der Winter hergeschritten,
und alsbald aus Schnees Mitten
klingt des Schlittenglöckleins Ton.

Und was jüngst noch, fern und nah,
bunt auf uns herniedersah,
weiß sind Türme, Dächer, Zweige,
und das Jahr geht auf die Neige,
und das schönste Fest ist da.

Tag du der Geburt des Herrn,
heute bist du uns noch fern,
aber Tannen, Engel, Fahnen
lassen uns den Tag schon ahnen,
und wir sehen schon den Stern.

Theodor Fontane (1819–1898)

4. Dezember

WERTVOLLE AUGENBLICKE

Ich setze mich wieder zu meiner Adventskerze und zünde diese das vierte Mal in Folge an. Meine Gedanken will ich heute bei Gott abladen. Im Gebet sage ich ihm, was mich freut, aber auch, was mich belastet.

Dann bin ich stille vor ihm, schweige einfach nur mal, genieße den Augenblick und höre, was Gott mir sagen möchte.

Auch wenn es nur eine kurze Auszeit ist, schöpfe ich doch Kraft. Mein Kopf wird frei, denn was ich vor Gott abgeladen habe, kann mich nicht mehr belasten.

Natürlich ist es nicht immer leicht, Sorgen wirklich loszulassen. Mir hilft es, wenn ich meine Hände zum Gebet falte und vor meinem inneren Auge alle Belastungen zu Gott bringe. Wenn ich danach mein Gespräch mit ihm beende und meine Hände wieder öffne, fühlen sie sich leer und frei an. Ich habe das Schwere in mir abgegeben. Ich weiß, dass Loslassen wichtig ist, denn Gott kann nur leere Hände füllen.

Die Stille hilft mir dabei, mich ganz auf Gott einzulassen. In diesen Momenten erreicht Gott meine Seele und er kommt mir ganz nahe.

Dankbar für diese intensiven Augenblicke schaue ich in den Dezemberhimmel, öffne das Fenster und atme tief die frische Luft ein. Belebt und mutig halte ich Gott meine leeren Hände hin, damit er sie mit etwas Gutem füllen kann. Ich bin gespannt, was er für mich vorbereitet hat.

Nun gehe ich gestärkt zurück in meinen Alltag. Es hat sich äußerlich nicht viel verändert, doch tief in mir haben diese Zeiten eine nachhaltige Wirkung. Ich bin ruhig und fühle mich gestärkt und gelassen.

In der Stille berührt Gott das Herz, füllt es mit Liebe und Dankbarkeit.

Danke, Gott, für diese besonderen Augenblicke im Advent.

Adventswarten

Es ist das ganze Leben
für den, der Jesus kennt,
ein stetes, stilles Warten
auf seligen Advent.

Er kommt, heißt unser Glaube,
er kommt, heißt unser Trost,
wir hoffen in der Stille
und wenn das Wetter tost.

Wir schauen auf im Kampfe,
wir seufzen oft im Dienst:
Ach, dass du kämst, Herr Jesu,
ach, dass du bald erschienst!

Hedwig von Redern (1866–1935)

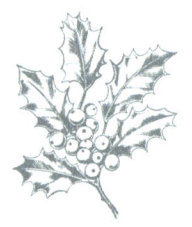

5. Dezember
PYRAMIDENZEIT

Es ist dämmrig geworden. Der Tag ist trübe und die Dunkelheit bricht noch eher als sonst am frühen Nachmittag herein. Das Feuer im Kamin brennt munter und sorgt für Gemütlichkeit. Mit Freude zünde ich mein Wärmewindspiel, eine kleine Weihnachtspyramide, an. Sie ist mit vier Kerzen bestückt; die Wärme der Kerzen erweckt die Holzflügel langsam zum Leben.

Es braucht Geduld und dauert eine Weile, bis die Wärme von unten nach oben gelangt. Immer wieder bleibt die Pyramide stehen – der lange Sommerschlaf hat sie aus dem Takt gebracht. Durch sanfte kleine Schubser meinerseits nimmt sie aber dann doch langsam Fahrt auf. Zur Unterstützung habe ich noch zusätzlich zwei Windlichter dazugestellt. Jetzt sollte sie am Laufen bleiben – und tatsächlich: Bald drehen die kleinen Figuren darauf beharrlich ihre Runden.

Auch ich habe ab und an Anlaufschwierigkeiten und benötige hin und wieder einen liebevollen „Anschubser", damit ich in Gang komme. So manche Dinge in meinem Leben sind Krafträuber und nur zu gerne schiebe ich diese vor mir her. Die Flügel meiner Energie sind auf Sparflamme gestellt und wollen sich nicht recht in Bewegung setzen. Es fehlt mir einfach der Antrieb und mein Wärmespeicher hat nur wenig Kapazität; zum schwungvollen Drehen reicht es nicht aus.

Ja, ich brauche eine verlässliche Antriebsquelle, die mich immer wieder behutsam antreibt. Diese Quelle finde ich im Gespräch mit Gott. Ihm nenne ich meine Krafträuber und suche seinen Hilfeanstoß. Er kennt längst meine Schwachstellen und möchte mir helfen, diese wieder in Gang zu setzen.

Gott spricht mir Mut zu:

„Aber alle, die ihre Hoffnung auf den Herrn setzen, bekommen neue Kraft. Sie sind wie Adler, denen mächtige Schwingen wachsen. Sie gehen und werden nicht müde, sie laufen und sind nicht erschöpft."

Jesaja, 40,31

Dankbar nehme ich mir dieses ermutigende Wort zu Herzen. Gott weiß um mich und meine Baustellen und er will mich unterstützen und Stärkung schenken. Ich harre auf ihn und vertraue seiner Zusage, nehme diese Kraftquelle freudig an.

Die Pyramide dreht sich mühelos mit den zusätzlichen Lichtquellen und auch ich habe wieder Antrieb erhalten. Gottes Wort beflügelt mich und ist mir Ermutigung und Erleuchtung zugleich.

Steh auf, Jerusalem und leuchte! Denn das Licht ist gekommen, das deine Finsternis erleuchtet. Die Herrlichkeit des Herrn geht auf über dir wie die Sonne.

Jesaja 60,1

6. Dezember

NIKOLAUSTAG

Der Nikolaustag ist der Tag in der Vorweihnachtszeit, an dem neben den alltäglichen Überraschungen des Adventskalenders ein Geschenk an die „artigen" Kinder verteilt wird. Das erste Highlight vor dem eigentlichen großen Fest. In der Nacht zum 6. Dezember stellen viele Kinder (und sicherlich auch einige Erwachsene) erwartungsvoll einen Stiefel vor die Tür, in der Hoffnung, dass der Nikolaus diesen reichlich füllt.

Wenn ich an den Nikolaustag in meiner Kindheit zurückdenke, dann verbinde ich ganz besondere Momente und Erinnerungen damit, die sich tief in mein Gedächtnis eingebrannt haben und mich noch heute schmunzeln lassen.

Der Nikolaus war uns Kindern nicht aus der Reklame oder dem Sortiment des Einzelhandels bekannt, sondern meine Eltern und meine Oma erzählten uns von dem Mann mit dem roten Mantel und dem langen weißen Bart, der Rute und Sack auf seinem breiten Rücken trug – in jedem Jahr aufs Neue eine ganz besondere Person; wir hatten alle großen Respekt vor ihm.

In Gedanken versunken finde ich mich wieder an jenem Tag im Dezember meiner Kindheit. Meine Patentante hatte am Nikolaustag Geburtstag, sodass dieser Tag für uns auch immer ein Feiertag war. Die Familie saß in trauter Runde beisammen und wir Kinder fühlten uns ganz besonders wohl in ihrer Gesellschaft. Die Erwachsenen gaben uns Sicherheit angesichts des erwarteten „hohen Besuchs" in den frühen Abendstunden des 6. Dezembers.

Ich sehe mich noch heute in der warm beheizten Stube mit den vier großen Fenstern zur Straße sitzend. Durch sie hatte man einen guten Überblick über die Geschehnisse der angrenzenden Dorfstraße. Ab dem Nachmittag schauten wir Kinder immer wieder gespannt nach draußen, ob nicht schon irgendwo der Nikolaus zu sehen war. Wir verhielten uns extra still und spitzten die Ohren. War da nicht schon ein geheimnisvolles Geräusch? Schwere Schritte auf dem knirschenden Schnee, welche auf Nikolaus' nahenden Besuch hindeuteten?

Mit einsetzender Dämmerung wurden wir sichtlich nervöser. Die alte Uhr auf dem Wohnzimmerschrank tickte unaufhörlich vor sich hin und jede volle Stunde zeigte sie mit einem wunderschönen Glockenschlag an. Noch heute höre ich den einzigartigen Klang und erinnere mich, wie ich immer wieder verstohlen auf diese alte Uhr schaute und mit zunehmender Stunde die Nähe meiner Mutter oder Oma suchte.

Auf die nahe gelegene Straße trauten wir Kinder uns nun nicht mehr, es war bereits dunkel geworden.

Wir hatten Respekt und Achtung vor dem Nikolaus und diese Ehrfurcht tat unseren oft vorlauten Mündern gut. Nach einer gefühlten Ewigkeit war es dann endlich so weit. Alle wurden ganz still in dem voll besetzten Wohnzimmer und eine feierliche, heimelige Stimmung breitete sich aus. Denn nun konnte jeder der Anwesenden, ob jung oder alt, den nahenden Nikolaus in Begleitung seines Helfers deutlich hören.

Seine festen Schritte auf dem gefrorenen Boden und das laute Rascheln seiner umgelegten Ketten hallten durch die kalte Nacht. Es wurde ernst und wir Kinder krochen auf den Schoß der Mutter oder suchten Schutz unter dem großen Sofa. Doch der Nikolaus wollte uns sehen und so standen wir ehrfurchtsvoll und kleinlaut vor dem Mann im roten Gewand. Sein Gesicht war mit einem gewaltigen Rauschebart

bedeckt, sodass wir zu keinem Zeitpunkt einen Bekannten oder nahestehenden Verwandten hinter dieser Person vermuteten.

Nachdem wir ein Gedicht aufgesagt oder auch ein Lied vorgetragen hatten, bekam jeder von uns sein lang ersehntes Päckchen aus dem Sack. Die Anspannung wich, unsere Wangen glühten vor Aufregung und Freude. Wir schauten dem Nikolaus noch lange hinterher, wenn er sich wieder auf den Weg machte und in das Nachbarhaus einkehrte. Freudig stimmten wir alle die erste und letzte Strophe des bekannten Liedes „Lasst uns froh und munter sein" an:

Lasst uns froh und munter sein
Und uns recht von Herzen freu'n.
Lustig, lustig, tralalalala,
Bald ist Niklausabend da,
Bald ist Niklausabend da!

Niklaus ist ein guter Mann,
Dem man nicht g'nug danken kann.
Lustig, lustig, tralalalala,
Bald ist Niklausabend da,
Bald ist Niklausabend da!

Den Nikolaustag verbringen wir noch heute in gemeinsamer fröhlicher Runde. Auch wenn er nicht mehr persönlich vorbeikommmt, hat der gute alte Nikolaus ein kleines Päckchen für jeden abgestellt.

Kam der Nikolaus auch bei dir persönlich vorbei?

Welche Bedeutung hatte der Nikolaustag als Kind für dich?

Einmal im Jahr ist es so weit,
haltet alle eure Stiefel bereit.
Denn heute kommt der Nikolaus
und besucht so manches Haus.
Langsam, schleppend zieht er durch den
dunklen Tann,
die Tiere beobachten still den alten Mann.
In der Dunkelheit der kalten Nacht
hat er sich auf den Weg gemacht.
Schön artig und brav soll'n die Kinder sein,
dann legt er auch etwas in die blank
geputzten Stiefel ein.
Ja, einmal im Jahr ist es so weit,
ihr lieben Kinder, groß und klein, gebt acht
und haltet euch bereit.

Birgit Ortmüller

7. Dezember
ADVENT IM HERZEN

An manchen Tagen fällt es mir schwer, mich auf Advent und Weihnachten einzustimmen. Nämlich immer dann, wenn mir die künstlich initiierten Emotionen, die gewollten Weihnachtsstimmungen um mich herum unwirklich vorkommen, einer Reizüberflutung gleichen und mir nicht wirklich ins Herz sprechen.

Ich suche nach echten Gefühlen und Empfindungen in meinem Innersten, spüre eine tiefe Sehnsucht in mir, die wahre Botschaft der Advents- und Weihnachtzeit für mich persönlich zu erkennen.

Dann mache ich mir bewusst:

Im Advent will Gott uns ganz nah begegnen.

Er kommt zu uns, wird Mensch unter Menschen. Das ist Advent und die frohe Botschaft der Weihnachtsgeschichte für unser Leben.

Durch Jesus kann ich mit diesem heiligen Gott in Berührung kommen. Er möchte bei uns sein. Wir brauchen diesen Heiland, er stillt nicht nur meine tiefe Sehnsucht, sondern die der ganzen Menschheit nach dem Sinn des Lebens.

Im Glauben geht es darum, diesen Gott, der seinen Sohn auf die Erde sandte, anzunehmen und mit ihm Gemeinschaft zu halten, ihm zu vertrauen. Diese Erkenntnis bringt Licht in meine Suche, in meine Gedanken, macht mich froh und erwartungsvoll.

Wer im Advent diese rettende Liebe erkennt, bei dem wird es Weihnachten im Herzen.

Haben deine Eltern oder Großeltern dir den Glauben an Jesus nahegebracht?

Welche ist deine liebste Erinnerung in diesem Zusammenhang?

8. Dezember

GEBET IM ADVENT

Ich lade dich ein, mit mir zu beten:

Danke Herr, dass du zu uns auf die Erde ge-
kommen bist, in aller Demut und Schwach-
heit. Du hast auf einen prachtvollen Auf-
tritt verzichtet, ganz still und leise bist du in
einem zugigen Stall zur Welt gekommen.

Du suchst die Nähe zu deinen Menschen
und zu mir, willst bei uns sein, inmitten einer
lauten Zeit, möchtest Nähe und Geborgen-
heit schenken. Deine Liebe zu uns Menschen
ist grenzenlos, du stellst keine Bedingungen,
du wünschst einfach nur unser Vertrauen.

Danke für dein Weihnachtsgeschenk an uns.

Erhalte mir diese Gewissheit über die Ad-
vents- und Weihnachtszeit hinaus, damit sie
mich fortan in meinem Alltag begleitet. Lass
mich an allen Tagen meines Lebens bei dir blei-
ben, lass jeden Tag ein Weihnachtstag sein.

Amen.

Welche weiteren Gedanken möchtest du dir notieren?

Welches Gebet liegt dir sonst noch auf dem Herzen?

9. Dezember

PLÄTZCHENDUFT LIEGT IN DER LUFT

Wenn wir zur Weihnachtszeit von Ereignissen längst vergangener Jahre erzählen, dann beginnen noch heute die Augen meiner Mutter zu leuchten und voller Freude berichtet sie von einem besonderen Erlebnis der Adventszeit aus ihren Kindertagen.

Sie lebte mit ihrer Familie im Haus der Großeltern. Das Leben war einfach und bescheiden. Man erfreute sich an Kleinigkeiten – so war das alljährliche Plätzchenbacken ein Höhepunkt der Vorweihnachtszeit.

Da die meisten Haushalte noch keinen eigenen Backofen in ihrer Küche hatten, gab es vielerorts sogenannte Backhäuser, wo die Frauen ihr Brot backen konnten. Am Morgen des Backtages wurden die Backzeiten der einzelnen Hausfrauen mithilfe des Losverfahrens bestimmt. Erst am Abend konnten die leckeren

Plätzchen in der Resthitze des Ofens gebacken werden. Das freute die Kinder natürlich sehr, sie begleiteten die Mutter gerne auf dem Weg zum Backhaus und naschten so manches vom Weihnachtsgebäck.

Der Plätzchenteig wurde zu Hause zubereitet und auf die Bleche verteilt. Meine Mutter hatte ein eigenes kleines Kuchenblech, worauf sie stolz ihre ausgestochenen Sterne und andere Figuren legte.

Wenn meine Mutter und Großmutter sich auf den abendlichen Weg zum Backhaus begaben, knirschte der Schnee laut unter ihren Füßen und in der Kälte der Winternacht strahlten die Sterne hell vom Himmel herunter. Ich sehe die beiden vor mir, wie sie die vollen Bleche zum Backhaus trugen. Eine andächtige Stille umgab sie und voller Vorfreude gingen sie ihren Weg.

Nach dem Backen machten sie sich auf den Heimweg und die frische Winterluft kühlte die frisch entstandenen Köstlichkeiten rasch ab. Ein herrlicher Plätzchenduft erfüllte die ganze Straße und legte sich sanft über die Wohnsiedlung.

Dieses Ereignis hat sich tief im Gedächtnis meiner Mutter eingeprägt und gehört zu ihren schönsten Kindheitserinnerungen der Adventszeit. Wenn meine Mutter von dieser Zeit erzählt, kann man die feierliche Stimmung und den Duft der Plätzchen förmlich aufnehmen. Es muss ein ganz besonderes Erlebnis gewesen sein, die frischen Plätzchen unter dem „weihnachtlichen" Sternenhimmel nach Hause in die warme Stube zu tragen.

Hast du auch mit deiner Mutter oder jemandem aus deiner Familie Plätzchen gebacken? Auf S. 125 kannst du ein Rezept für Marmeladenplätzchen finden.

Was ist deine liebste Erinnerung zum Thema Plätzchenbacken in der Adventszeit?

Es wird Weihnachten!

Mein ganzes Haus riecht schon nach braunem Kuchen – versteht sich nach Mutters Rezept –, und ich sitze sozusagen schon seit Wochen im Scheine des Tannenbaums.

Theodor Storm (1817–1888)

10. Dezember

ADVENT, EINE HEILIGE ZEIT

Wir sagen euch an den lieben Advent.
Sehet, die erste Kerze brennt!
Wir sagen euch an eine heilige Zeit,
machet dem Herrn den Weg bereit!
Freut euch, ihr Christen, freuet euch sehr!
Schon ist nahe der Herr.

Dieses wunderschöne alte Adventslied begleitet mich durch die Adventszeit. Doch ist unsere Zeit nicht oftmals eher eilig statt heilig?

In dem Wort „Heiligkeit" liegt so eine Wertschätzung und Würde, die allein dieser Zeit gebührt. Ich wünsche mir, gerade in diesen Adventstagen wieder heilige Momente zu erleben, in denen ich Gottes Nähe spüre.

Das kann durch ein Lied, ein Bibelwort oder eine kleine Adventsdekoration geschehen. Ich finde es zum Beispiel hilfreich, einen kleinen Engel mit durch das Jahr zu nehmen. Sein Anblick erinnert mich sogar im Sommer an die besonderen Zeiten des Advents.

Heilige Alltagsmomente erlebe ich auch durch lieb gewonnene Rituale am Nachmittag. Ich koche mir eine Tasse Tee oder Kaffee und gönne mir ein Plätzchen dazu. Und wenn es nur ein paar Minuten sind – sie gehören mir. Es ist meine persönliche Zeit, in der ich abschalten kann und Ruhe suche. Ich genieße die Stille um mich herum und in mir.

Auch unser jährlicher „Adventskaffee" ist ein Teil solcher wertvollen besonderen Zeiten. Jedes Jahr im Dezember lade ich meine Freundinnen ein. Das ist ein fester Termin im Adventskalender. Wir lieben diesen Tag und ein Hauch von Weihnachten ist zu spüren, wenn wir uns gegenseitig beschenken.

Ich will diesen besonderen Zeiten meine Aufmerksamkeit schenken. Wir erwarten schließlich gemeinsam den Retter der Welt, Gottes Sohn, höchstpersönlich! Die Adventszeit ist nicht irgendeine Zeit, nein, sie ist eine heilige Zeit und somit anders als alle Zeiten im Jahreslauf.

Das Lied soll mich durch die Adventstage begleiten. Ja, ich will den König der Welt mit aller Ehre und Heiligkeit erwarten und ihm mein Herz schenken. Wenn das kein Grund zur Freude ist ...

Der Herr ist nahe!

Was ist dein Adventsbegleiter durch das Jahr? Gibt es vielleicht ein Bibelwort oder einen Gedanken, der dich bisher begleitet hat oder ab heute mit dir ins neue Jahr gehen soll?

Wäre es für dich möglich, auch einmal zu einem Adventskaffee einzuladen?

Wir sagen euch an den lieben Advent.
Sehet, die zweite Kerze brennt!
So nehmet euch eins um das andere an,
wie euch der Herr an uns getan.
Freut euch, ihr Christen, freuet euch sehr!
Schon ist nahe der Herr.

Wir sagen euch an den lieben Advent.
Sehet, die dritte Kerze brennt!
Nun trag eurer Güte hellen Schein
weit in die dunkle Welt hinein.
Freut euch, ihr Christen, freuet euch sehr!
Schon ist nahe der Herr.

Wir sagen euch an den lieben Advent.
Sehet, die vierte Kerze brennt.
Gott selber wird kommen. Er zögert nicht.
Auf, auf ihr Herzen und werdet Licht!
Freut euch, ihr Christen, freuet euch sehr!
Schon ist nahe der Herr.

Maria Ferschl (1895–1982)

11. Dezember

SPAZIERGANG
IM ADVENT

Heute begebe mich auf einen Spaziergang in die Natur, bevor ich meine Stille Zeit im Kerzenschein genieße. Es ist kalt geworden und neben einem dicken Schal setze ich noch eine Strickmütze auf. Ich gehe meine vertraute Strecke durch ein bewaldetes Tal. Durch die Jahreszeiten hindurch bin ich hier oft unterwegs.

Ein Teil des Weges ist mein Gebetsweg geworden. Hier bin ich weit weg von Lärm und Trubel – nur wenige Meter von unserem Haus entfernt. Das Tal wird von einem Bachlauf durchzogen. Wenn ich mutig bin, springe ich von einem Waldweg zum nächsten auf die andere Seite.

Im Winter ist es hier allerdings sehr feucht und teilweise gefroren, da bleibe ich lieber auf dem festen Weg. Mein Blick geht über die Felder und Wiesen, die nun verwaist sind. Die Kühe sind im Stall. Manchmal sehe ich Rehe und Hasen, die auf Futtersuche sind. Eine wohltuende Stille liegt heute über diesem Tal und der Frost der vergangenen Nacht hat sich wie ein feiner Schleier über die Natur gelegt.

Die Ruhe des Wintertages ist spürbar und mit jedem Atemzug nehme ich diese Stille in mir auf.

Die frische Luft kribbelt auf meinen Wangen, belebt mich und mit festen Schritten gehe ich munter und erwartungsvoll durch die verzauberte Landschaft. Es riecht förmlich nach Schnee und sehnsuchtsvoll richte ich meinen Blick nach oben. Vielleicht sehe ich ja bald die ersten ersehnten Flocken?

Der frostige Boden unter meinen Schuhen knirscht leise und warm verpackt setze ich meinen Spaziergang fort. Diese kühle Auszeit tut Geist und Körper gut, schenkt Energie und Schwung. Der Kopf wird frei und meine Gedanken gehen auf Reisen.

Ich bewundere die Natur auch zu dieser Jahreszeit, Gott hat alles wohl geordnet. Ohne die Kälte im Winter würden wir die Wärme der ersten Frühlingstage nicht so sehr genießen. Ohne die kahlen Äste und das heruntergefallene Laub würden wir die herrlichen Blüten und die erwachende Natur nicht wahrnehmen. Ohne den Wechsel der Jahreszeiten könnten wir nicht die Fülle und Farbenpracht im Frühjahr, die Wärme oder Hitze des Sommers, die reiche Ernte des Herbstes und die Schönheit des Winters entdecken. Es ist gut, wenn die Natur sich erholen und loslassen kann. Gleiches gilt für uns Menschen. Erst im Loslassen, in der Abgabe, in der Ruhe nimmt man die Fülle der Veränderungen auf und beginnt zu genießen.

Jetzt freue ich mich im Stillen aber erst mal auf das Feuer im Kamin, den Kerzenschein und eine warme Teetasse in der Hand.

Der Schnee kommt sicherlich noch.

Die hohen Tannen atmen heiser
im Winterschnee, und bauschiger
schmiegt sich sein Glanz um alle Reiser.
Die weißen Wege werden leiser,
die trauten Stuben lauschiger.

Da singt die Uhr, die Kinder zittern:
Im grünen Ofen kracht ein Scheit
und stürzt in lichten Lohgewittern –
und draußen wächst im Flockenflittern
der weiße Tag zur Ewigkeit.

Rainer Maria Rilke (1875–1926)

12. Dezember

DER HIMMEL
IST GEÖFFNET

Im Dezember neigt sich das Jahr dem Ende
zu, viele Tage sind gelebt und abgeschlossen.
Und doch bleiben sie ein Teil unserer Lebensgeschichte. Schönes und auch Schweres haben den Alltag bestimmt. In Gedanken durch-
lebe ich die Jahreszeiten dieses scheidenden
Jahres. Ein Blick auf meinen Jahreskalender
lenkt meine Gedanken zu so manchem Tag,
den ich vergessen oder gar verdrängt habe
und der jetzt wieder lebendig vor meinem inneren Auge wird.

Immer wieder huscht ein Lächeln über mein
Gesicht, aber auch so manche Träne füllt meine
Augen. Ich merke, dass der Rückblick schmerzt,
doch er hilft mir, einen Abschluss zu finden –
das tut gut. Er schenkt mir die Chance, wichtige Momente zu reflektieren, bei bestimmten

Erinnerungen innezuhalten und meine Emotionen zu verarbeiten.

Ich denke: *Ja, Herr, es war von allem etwas dabei – und du warst auch da.*

Diese Gewissheit gibt Trost und lässt mich dankbar werden. Zum Ende dieses Jahres möchte ich abschließen mit allen Erlebnissen und Ereignissen, möchte von der „Jagd" des Lebens ruhen.

Ich bringe im Gebet alle meine Empfindungen und Gedanken zu Gottes Sohn an die Krippe. Er kennt mich und meine Freuden, aber auch meine Nöte und Sorgen – und das nicht nur in der Advents- und Weihnachtszeit. Der Himmel ist immer geöffnet, doch nun gilt es mir ganz persönlich. Ich öffne mich meinerseits und bin gespannt, was Gott für mich vorbereitet hat.

Hast du diesen geöffneten Himmel schon für dich persönlich in Anspruch genommen?

Wie hilft dir das Bild des geöffneten Himmels dabei, vergangene Dinge abzuschließen?

Von draußen, vom Walde komm ich her;
ich muss euch sagen, es weihnachtet sehr!
Überall auf den Tannenspitzen
sah ich goldene Lichtlein blitzen,
und droben aus dem Himmelstor
sah mit großen Augen das Christkind hervor.

Die Kerzen fangen zu brennen an,
das Himmelstor ist aufgetan,
Alt und Jung sollen nun
von der Jagd des Lebens einmal ruhn.

Auszug aus „Knecht Ruprecht"
von Theodor Storm

13. Dezember

BESUCH AUF DEM WEIHNACHTSMARKT

Ich freue mich in jedem Jahr auf den Besuch eines Weihnachtsmarktes. Die Stände sind immer ansprechend geschmückt und das Warenangebot reichlich und verlockend, überall gibt es etwas zu entdecken.

Ein weihnachtlicher Duft zieht über den Markt, mal süß nach gebrannten Mandeln, Crêpes und Glühwein, mal berühren herzhafte Gerüche die Sinne. Das Gaumenangebot ist verlockend und zu keiner Zeit des Jahres so beliebt und begehrt bei Groß und Klein wie jetzt.

Gern schlendere ich zwischen den Ständen umher und lasse mich von dem Angebot der Händler inspirieren. Manchmal entdecke ich auch das ein oder andere Geschenk. Überall ertönt Weihnachtsmusik und macht das „Weihnachtsfeeling" perfekt. Auch wenn mir diese

Art der Musik manchmal zu viel und zu trubelig ist, gehört sie hier und heute dazu.

In Gedanken versunken und vom bunten Treiben um mich herum fasziniert, richte ich an einem Essensstand meinen Blick auf das Dach einer Bude. In feiner Schnitzarbeit ist die Heilige Familie mit der Krippenszene dargestellt. Ich halte kurz inne und stelle betroffen fest: „Die eigentlichen Hauptfiguren der Weihnachtsgeschichte hätte ich fast vergessen!"

In all dem Trubel geht der wahre Grund des Weihnachtsfestes oftmals verloren. Dieser Blick am heutigen Tag nach „oben" war wichtig und erfüllt mich mit Dankbarkeit. Wir haben allen Grund zur Freude, denn an Weihnachten ist der Menschheit der Retter der Welt geboren.

Ich merke: Es lohnt sich, mit offenen Augen über den Weihnachtsmarkt zu gehen. Nicht nur, um sich an all den kulinarischen Angeboten und typischen Weihnachtsartikeln zu erfreuen. Sondern vor allem, um mit dem Blick nach „oben" den eigentlichen Sinn der Weihnacht in den Mittelpunkt des Geschehens zu rücken.

Markt und Straßen dicht gedrängt,
Menschen schieben sich hindurch,
sichtlich eingeengt.
Von Stille und Besinnlichkeit fehlt jede Spur,
wo bleibt die Entschleunigung nur?

Laut und voll erscheinen jetzt die Gassen,
können wir Menschen so das
Weihnachtsgeschehen
wahrhaftig erfassen?
Neben all dem feinen wohlriechenden Duft
liegen Hetze und Eile in der Luft.
Viele bunte, blinkende Lichter
erhellen die Dunkelheit,
ist das wirklich
die stille besinnliche Zeit?

Entflieh dem Trubel
und suche die Ruh dieser Zeit,
erst dann bist du für die
Weihnachtsbotschaft
und das nahende Fest bereit.
Bedenke, in der Stille der Heiligen Nacht,
hat Maria unseren Heiland zur Welt
gebracht.

Der tiefe Friede und die Freude
über den Retter der Welt
ist das, was auch heute noch zählt.
Öffne dein Herz und lass dich berühren
von der Weihnachtszeit,
bedenke: Erst in der Stille sind wir
dazu bereit.

Gott selbst wählte
für die Geburt seines Sohnes
die Stille und Einfachheit in einem Stall.
Fröhliche Weihnacht überall!

Birgit Ortmüller

14. Dezember
EINE GEBURTSTAGSFEIER FÜR JESUS

Was würde Jesus zu seinem alljährlichen Geburtstagsfest sagen – schon mal drüber nachgedacht?

Ja, manchmal stelle ich mir ernsthaft diese Frage, er ist ja schließlich die Hauptperson an Weihnachten.

Oder ist er doch nur noch ein Nebendarsteller?

Wie viel hat all der Trubel, die Suche nach passenden Geschenken, die Gestaltung der perfekten Weihnachtszeit noch mit dem eigentlichen Geburtstag von Jesus zu tun? Findet sich das Geburtstagskind in all den Vorbereitungen und in dem Fest wieder?

Wir Menschen suchen – generell und vor allem in der Advents- und Weihnachtszeit – nach Ruhe, Geborgenheit und Besinnlichkeit. Und doch laufen wir mit im Strudel der Geschäftigkeit und Hektik. Auch ich lasse mich immer wieder anstecken von dieser Betriebsamkeit und laufe an der Weihnachtsbotschaft vorüber, zu viel anderes treibt mich.

Doch Weihnachten findet nach wie vor in der Krippe statt.

Ich frage mich heute ganz konkret, womit ich Jesus eine Freude machen könnte, und entscheide mich für eine persönliche Karte, die ich ihm schreiben möchte. Meine Wünsche, meinen Dank und auch meine Erwartungen an das Geburtstagskind finden hier ihren Platz.

Zudem werde ich kreativ und verziere die Vorderseite der Karte mit einem selbst gebastelten Strohstern. Dann zünde ich eine Kerze an und bereite die Geburtstagstafel vor. Das gute Geschirr kommt auf den festlich gedeckten Tisch, wir trinken mit der Familie oder mit guten Freunden Kaffee und unterhalten uns über das Geburtstagskind. Jesus ist heute der Ehrengast.

Jesus, findest du dich noch in der Krippe wieder, in einem einfachen Stall in Betlehem? Nur hier können wir dir wirklich begegnen. Ich will immer wieder neu meinen Blick auf die Krippe lenken, denn nur dort findet dein Geburtstag statt.

15. Dezember

„DER KRIPPENPLATZ IST LEER!"

Die Vorbereitungen für das alljährliche Krippenspiel am Heiligen Abend sind in vollem Gange. Schon Wochen im Voraus wurde geplant und die Rollen an die Kinder des Kindergottesdienstes verteilt. Mit Eifer lernen sie ihre Texte und Szenenabläufe. Jedes Treffen ist eine echte Herausforderung für die Mitarbeiter und Kinder. Denn neben den Spielszenen steigt die Spannung auf den großen Tag, das Weihnachtsfest, erheblich. In den Gesichtern der Kinder spiegelt sich diese Freude und Erwartung wider.

Heute ist nun endlich der Tag der Generalprobe. Jeder hat seinen Platz eingenommen. Die einstudierten Texte kommen flüssig über die Lippen der kleinen Schauspieler, es läuft wie am Schnürchen, der Heilige Abend kann kommen.

Doch plötzlich schreit Jakob, der Hirte, in die Menge der Kinderschar: „Wo ist denn das Jesuskind? Der Platz in der Krippe ist leer!"

Augenblicklich herrscht Stille und jeder versucht, einen Blick auf die Krippe im Altarraum zu erhaschen. Tatsächlich, das Kind in der Krippe fehlt! Eine große Betroffenheit zeichnet sich in den Gesichtern ab. Dann rufen die Kinder wild durcheinander, sie beginnen zu suchen, bücken sich unter die alten Kirchenbänke ...

Lisa weint kläglich: „Ohne das Jesuskind kann Weihnachten nicht stattfinden."

Auch die anderen Kinder stehen ratlos umher und spüren, dass es ohne dieses Kind in der Krippe kein „richtiges" Weihnachten ist. Schließlich ist es ja die Hauptfigur der Weihnachtsgeschichte.

Die Proben werden fortgesetzt, doch die Freude an diesem Anspiel ist verflogen, es will einfach keine Weihnachtsstimmung aufkommen.

Plötzlich öffnet sich die Eingangstür und der Malermeister des Ortes eilt mit schnellen Schritten zur Krippe. Aus seiner Jackentasche holt er ein eingewickeltes Bündel heraus. Behutsam wickelt er das Päckchen auf und legt zum Erstaunen aller das vermisste Jesuskind an seinen Platz in der Krippe. Ein Lächeln huscht über sein Gesicht, er ist mit seiner Arbeit sichtlich zufrieden.

Zu den Kindern gewandt sagt er noch immer

außer Atem: „Ich habe es gerade noch rechtzeitig geschafft. Das Gesichtchen war so verblasst, sodass ich mit einigen Pinselstrichen Besserungsarbeiten vornehmen musste." Die Kinder sind erleichtert und froh, denn nun kann es ja doch Weihnachten werden.

In all die Freude fragt Tim den Maler: „Wie lange war denn das Jesuskind bei Ihnen?" „Zu Beginn der Adventszeit habe ich es in meine Werkstatt mitgenommen, nur an den Adventssonntagen lag es wie gewohnt in seiner Krippe."

Die Kinder werden stutzig und sind erstaunt. Lisa spricht an, was allen im Kopf herumschwirrt: „Wir haben das Fehlen des Jesuskindes bei all unseren Proben in den Wochen zuvor nicht einmal bemerkt!"

Martin, der Leiter des Kindergottesdienstes, bestätigt das beim Abschluss der heutigen Probe: „Auch uns Mitarbeitern ist die leere Krippe nicht aufgefallen. Wir waren tatsächlich so sehr mit dem Einüben der Texte, den Kostümen und dem Ablauf des Krippenspiels beschäftigt, dass wir das Wesentliche aus den Augen verloren haben. Wir sollten immer den Blick auf die Krippe werfen, denn dort ist Weihnachten. Jesus ist der Mittelpunkt der Weihnachtsgeschichte, diese Erkenntnis wollen wir tief in unseren Herzen tragen."

An diesem Spätnachmittag gehen alle Kinder

freudig, aber auch nachdenklich nach Hause. Das unbemerkte Fehlen des Kindes in der Krippe hat jeden berührt.

Am Heiligen Abend wird das Krippenspiel wie gewohnt aufgeführt. Es klappt alles reibungslos, die Wangen der Kinder glühen förmlich vor Stolz und Freude. Sie geben ihr Bestes. Die Kinderaugen leuchten und so mancher Blick wandert lächelnd und dankbar zum Jesuskind in der Krippe.

Nun kann es wirklich Weihnachten werden!

16. Dezember

VORFREUDE IST DIE SCHÖNSTE FREUDE

Als Kinder freuten wir uns schon Tage, ja Wochen im Vorfeld auf das Weihnachtsfest. Die Zeit konnte gar nicht so schnell vorübergehen, wie wir es uns wünschten.

Die Geschenke waren längst auf dem Wunschzettel gemalt oder geschrieben. Die Vorfreude auf den Weihnachtsbaum, die Päckchen, die Winterferien, das Skifahren und Rodeln war riesengroß und verursachte ein wohliges Kribbeln in der Bauchgegend.

Als Kinder konnten wir uns so herrlich unbekümmert freuen.

Auch heute noch blicke ich gespannt dem Fest entgegen, freue mich auf Weihnachtsgeschenke und frage mich manchmal im Stillen, ob wohl ein paar meiner Weihnachtswünsche in Erfüllung gehen werden. Ich habe mich allerdings auch schon mal selber beschenkt und mir zur Weihnachtszeit einen lang gehegten Wunsch erfüllt.

Hast du schon mal erlebt, wie ansteckend Vorfreude sein kann? Lass dich ruhig darauf ein.

Wenn ich die Leichtigkeit und die Freude der Kinderzeit spüren möchte, horche ich in mich hinein und begebe mich auf eine kleine Zeitreise. Und dann spüre ich diese kindliche Sehnsucht auf das schönste Fest des Jahres!

Dankbar für die Erinnerungen, die erlebten Familienzeiten, die schönen Geschenke und so viel mehr formuliere ich ein Gebet:

Lieber Gott,
ich danke dir für alle Weihnachts(vor)freude in meiner Kinderzeit, die mich bis heute begleitet. Auch in diesem Jahr freue ich mich wieder auf dieses schöne Fest – dein Fest, dein Geschenk an uns Menschen. In der Liebe und Fürsorge, die ich mit Weihnachten verbinde, erahne ich deine innige und vollkommene Liebe für mich. Ich danke dir dafür.
Amen.

17. Dezember

DEZEMBERSONNE
IM ADVENT

Die Nacht war frostig, Eisblumen blühen heute Morgen auf zahlreichen Oberflächen und erfreuen mich. Der nahe gelegene Wald sieht verwunschen aus, die Tannenspitzen scheinen zu leuchten und zu glitzern. Ein Märchenwundertraum.

Der feine Nebel zieht allmählich nach oben und gibt der Sonne eine Chance, die dichte Wolkendecke zu durchdringen. Sie bricht langsam durch und ein herrlicher Winterhimmel zeichnet sich am Horizont ab. Diese Momente sind besonders und erwärmen trotz der Kälte die Seele. Die Sonne ist da, auch im Dezember strahlt sie hell.

Ich fühle mich so lebendig und richte, dankbar für dieses wunderschöne Naturschauspiel, meinen Blick zum Winterhimmel. Die Strahlen brechen sich Bahn und schrecken selbst vor den Nebelfeldern nicht zurück. Ebenso möchte die Weihnachtsbotschaft wie ein Licht in unsere dunkle Welt scheinen und die Finsternis vertreiben.

An Weihnachten kommt die Rettung ganz nah und will jeden Lebenswinkel in uns erhellen. Die täglichen Herausforderungen am Arbeitsplatz, die großen und kleinen Sorgen, die uns im Alltag begegnen, die mangelnde Zeit und die vielen Aufgaben ... Doch nichts und niemand kann unseren großen Gott daran hindern, uns zu suchen, zu helfen und uns zu begleiten.

Das Wunderbare dabei: Die frohe Botschaft seiner unendlichen Liebe und Gnade ist nicht reduziert auf ein paar Tage im Dezember, sondern will uns täglich begegnen. Sie vertreibt die Wolkenfelder unseres Lebens, möchte uns befreien und durchdringen – und das nicht nur zur Advents- und Weihnachtszeit. Mit dieser Erkenntnis tragen wir Weihnachten im Herzen und strahlen von innen – auch über den Dezember hinaus.

Und so leuchtet die Welt langsam der Weihnacht entgegen, und der in Händen sie hält, weiß um den Segen.

Matthias Claudius (1740–1815)

18. Dezember

DER WEIHNACHTSBAUM

Es ist an der Zeit, einen Baum für das Fest aus-
zusuchen. Er soll groß und schön gewachsen
sein. Also: Los geht's! Denn ohne Baum fehlt
etwas.

In der Nachbargemeinde gibt es ein Wald-
stück, das nur für Weihnachtsbäume angelegt
und bepflanzt wurde. Eine schöne Idee. Dort
kann jeder vorbeischauen, sich in aller Ruhe
seinen Baum aussuchen und mit einem Zettel
markieren: *Das ist unser Weihnachtsbaum.*

Freudig stapfen wir alle los, jeder hat seine ei-
gene Erwartung an den Weihnachtsbaum. Die
Suche ist gar nicht so leicht, denn vor lauter
Tannen und Fichten kann man den „richtigen"
Baum kaum sehen.

Nach einiger Zeit sind ein paar besonders
schöne Exemplare in die engere Wahl gezo-
gen worden. Jedes Für und Wider wird noch
mal diskutiert und dann ist es endlich so

weit: Wir haben unseren Weihnachtsbaum gefunden.

Zum Abschluss machen wir noch ein Foto, mit Baum natürlich. Ein paar Tage bleibt er noch stehen und dann kommt er frisch geschlagen in unser Wohnzimmer – immer wieder ein besonderer Moment. Und dann strahlt er. Prächtig geschmückt und schön wie jedes Jahr.

Wenn ich unseren Baum so betrachte und über unsere „Auswahl" nachdenke, werde ich dankbar, dass Gott mich nicht nach Schönheit oder Prächtigkeit auswählt. Wenn ich zu Jesus gehöre, wenn ich ihn als meinen Herrn angenommen habe, darf ich einmal, so wie ich bin, ins Vaterhaus einziehen.

Welch eine wunderbare Zusage!

19. Dezember

ALLE JAHRE WIEDER ...

Heute ist schon der 19. Tag im Dezember – die Zeit verfliegt. „Alle Jahre wieder" kommt mir als Liedanfang in den Sinn. Klingt das nach Routine?

Die Adventszeit ist eine besondere Zeit, doch auch besondere Zeiten können manchmal zu langweiligen Prozeduren werden. Für meine Stille Zeit habe ich mir aber vorgenommen, dass sie keine unliebsame Routine werden soll – sondern eine gute Gewohnheit, worin ich immer wieder eine lebendige Kraftquelle finde.

Eine Gewohnheit, die mir hilft, aus meinem üblichen Gedankenkarussell auszubrechen und in jedem geschenkten Tag das Besondere zu entdecken.

Herr, du willst mich gerade in der Advents-
zeit neu erreichen, ringst um mich und meine
Zeit, Tag für Tag. Du meinst es gut mit mir.

*Leise klopfst du an meine Herzenstür und
bittest in meinem Herzen um Herberge.*

Habe ich Platz oder bin ich ebenso randvoll belegt, wie die Gastwirte von einst in der
Weihnachtsgeschichte? Alles vollgestopft mit
Lasten und Verpflichtungen, die jeden Lebenswinkel von mir ausfüllen?

*Ich will aufräumen in meinem Herzen und
dir Raum geben, Herr. Ja, ich möchte dich
neu einladen, bei mir Einzug zu halten.
Als eine gute Gewohnheit, Tag für Tag und
alle Jahre wieder!*

Alle Jahre wieder
kommt das Christuskind
auf die Erde nieder,
wo wir Menschen sind;

kehrt mit seinem Segen
ein in jedes Haus,
geht auf allen Wegen
mit uns ein und aus;

ist auch mir zur Seite
still und unerkannt,
dass es treu mich leite
an der lieben Hand.

Johann Wilhelm Hey (1789–1854)

20. Dezember

DER HERR IST NAHE

Die Weihnachtswoche ist angebrochen, es sind nur noch wenige Tage bis zum Weihnachtsfest. Ich freue mich sehr auf die bevorstehenden Feiertage und doch spüre ich auch ein bisschen Wehmut. Der Advent neigt sich dem Ende zu und ich hinterfrage mich, ob ich diese besonderen Tage im Dezember für Zeiten der Stille und Besinnung ausgiebig genutzt habe.

Wie so oft kann ich es kaum glauben, dass die Wochen wie im Flug vergangen sind, und ich muss mir eingestehen, dass neben der Ruhe auch viel Unruhe mein Begleiter war.

Aber ein Blick auf meine 24-Tage-Kerze und die runtergebrannten Kerzen am Adventskranz stimmen versöhnlich. Es gab doch so manche intensiven stillen Momente im Advent – und das ist gut so.

Das Weihnachtsfest beginnt bald, der Herr ist nahe. Ob die Menschheit da draußen auch diese Nähe spürt? Ob sie sie überhaupt fühlen möchte?

Ich will den Menschen davon erzählen, indem ich Weihnachtskarten schreibe. Ich muss mich sputen, damit sie noch rechtzeitig den Empfänger erreichen. Neben einem himmlischen Gruß schicke ich ein paar selbst gemachte Plätzchen mit. Und einen Anhänger mit den Worten „Der Herr ist nahe" hänge ich auch noch daran.

Jesus kommt auf die Erde, Gott sucht Kontakt zu seinen Kindern, will bei uns wohnen. Lass ich seine Anwesenheit zu oder wird mir die Beziehung etwas zu eng?

Im Wunder der Weihnacht zeigt Gott seine tiefe Liebe zu seinen Geschöpfen. All unsere Sorgen und Lasten treten in den Hintergrund, denn der Herr ist da.

Er will uns befreien, er ist ganz nahe.

Weihnachten kann kommen, ich freue mich!

Freue dich, Welt, dein König naht.
Mach deine Tore weit.
An Gnaden reich und hehr an Tat,
der Herr der Herrlichkeit.

Freue dich, Welt, dein König naht.
Nun rausche froh dein Sang!
Von Feld und Flur, von Berg und Meer
erschall' der Jubelklang!

Tag brich herein! Der Herr gebeut!
Vorbei der Menschheit Nacht
Sein Zepter ist Gerechtigkeit,
und Lieb' ist seine Macht!

dt. Text von Walter Rauschenbusch
(1861–1918)

21. Dezember

ES WEIHNACHTET SEHR

Der Countdown zum Fest läuft! Heute gilt es, die letzten Vorbereitungen und Besorgungen zu treffen. Gedanklich gehe ich meine To-do-Liste durch und stelle fest, dass es noch so einiges zu erledigen gibt.

Bleibt heute etwa meine Ruhe und Besinnlichkeit auf der Strecke? Finde ich noch Zeit für meine tägliche Stille? Ich plane sie mir für heute Nachmittag, trotz aller To-dos, fest ein. Nun ruft aber zunächst mal die Pflicht.

Der Weihnachtseinkauf muss jetzt sein, verschieben macht keinen Sinn. Vielleicht verspüre ich mehr Freude dabei, wenn ich mir beim Befüllen des Einkaufswagens gedanklich die Speisen und freudigen, erwartungsvollen Gesichter meiner Lieben vorstelle.

Gedankenversunken bin ich mit dem Auto unterwegs. Es ist noch früh am Morgen, die Welt ist noch kalt und dunkel – sehr passend zu meiner Gefühlslage. Da kommt mir ein Bus entgegen und auf seiner Anzeigetafel steht in Großbuchstaben:

FROHE WEIHNACHTEN

Die Leuchtschrift ist für alle Verkehrsteilnehmer schon von Weitem zu erkennen. Ich lächle und bin dankbar für diesen ungewöhnlichen Hinweis am Morgen; den habe ich jetzt gebraucht und nur zu gern nehme ich ihn mit in den anbrechenden Tag. Meine Liste ist davon nicht kleiner geworden, aber ich fahre freudig weiter, bin wieder versöhnt mit meinen Anforderungen.

Mit einem frohen Herzen danke ich Gott, dass er immer wieder Mittel und Wege findet, mich anzusprechen und zu ermuntern. Und wenn es ein Bus am frühen Morgen ist.

Frohe Weihnachten – dieser Schriftzug begleitet mich durch den ganzen Tag.

Achte einmal auf die Kleinigkeiten in deinem Alltag, mit denen Gott dir zeigt, dass er dich sieht. Welche „kleinen Freuden" kannst du heute entdecken?

22. Dezember

WARTEN AUF DEN HEILIGEN ABEND

Ich warte nicht gerne und Geduld ist schon gar nicht meine Stärke.

Doch Warten will gelernt sein. Nicht nur, was Weihnachten angeht, sondern auch sonst im Leben. Es gilt, Wartezeiten auszuhalten. Und das ist nicht immer so schlimm, wie wir oft denken.

Wartezeiten schenken die Möglichkeit, Geduld zu üben und Warten zu lernen. Wenn ich immer alles so schnell wie möglich bekommen würde und ohne Umwege erledigen könnte, brächte ich mich um wertvolle Erfahrungen, die Wartezeiten mit sich bringen.

Manche Dinge brauchen eben Zeit. Und das nicht nur, wenn ich passiv etwas erwarte, sondern auch, wenn ich aktiv abwarte, bevor ich handle. Ein Sprichwort sagt: „Der Morgen ist klüger als der Abend." Oft kann es hilfreich sein, bei wichtigen Entscheidungen nicht sofort zu agieren oder vorschnell zu handeln, sondern einfach mal eine Nacht darüber zu schlafen. Am Morgen danach sieht die Welt schon ganz anders aus und auch Empfindungen und Emotionen haben ein anderes Gewicht bekommen.

Warten können wir von Gott lernen. Er selbst ist das beste Vorbild darin. Geduldig und vorsichtig klopft der Heiland manchmal jahrelang an unsere Herzenstür und wartet auf Einlass.

Und wenn wir ihm dann öffnen, tritt er freudig ein. Nicht nur als kurzer Besucher, sondern als Dauergast, der Heimat bei uns finden möchte.

Merkst du es denn nicht? Noch stehe ich vor deiner Tür und klopfe an. Wer jetzt auf meine Stimme hört und mir die Tür öffnet, zu dem werde ich hineingehen und Gemeinschaft mit ihm haben.

Offenbarung 3,20

So werden aus Wartezeiten Segenszeiten.

Dass sich Warten auch im Falle von Weihnachten lohnt, merken wir ab dem Moment, wenn das Glöckchen erklingt. Dann hat das Warten ein Ende – der Heilige Abend ist da.

23. Dezember

LASS UNS
STILLE WERDEN

Lass uns stille werden und die Ruhe suchen in einer lauten und umtriebigen Welt.

Lass uns Licht werden und strahlen wie die Liebe Gottes, die uns erleuchtet.

Lass uns zur Krippe gehen mit all unserem Lebensgepäck.

Kniend und betend legen wir Freude und Lasten bei dem Kind in der Krippe ab.

Lass uns fröhlich mit den Hirten ziehen und die frohe Kunde der Weihnachtsbotschaft hinaustragen in die dunkle nichts ahnende Welt.

Lass uns einstimmen in den himmlischen Chorgesang: „Ehre sei Gott in der Höhe und Friede den Menschen auf Erden."

Weit über die Felder soll das Lob erschallen, alle sollen es hören.

Lass uns in der Stille das Wunder der Weihnacht in unseren Herzen tragen, damit es uns an jedem neuen Lebensalltag erfüllt und begleitet.

Lass uns nun stille werden, damit es Weihnachten werden kann.

Weihnachten

Mir ist das Herz so froh erschrocken,
das ist die liebe Weihnachtszeit!
Ich höre fern her Kirchenglocken
mich lieblich heimatlich verlocken
in märchenstille Herrlichkeit.

Ein frommer Zauber hält mich wieder,
anbetend, staunend muss ich stehn;
es sinkt auf meine Augenlider
ein goldner Kindertraum hernieder,
ich fühl's, ein Wunder ist geschehn.

Theodor Storm
(1817–1888)

24. Dezember
HEILIGER ABEND

... und ich werde an Weihnachten
nach Hause kommen.
Wir alle tun das oder sollten es tun.
Wir alle kommen heim oder
sollten heimkommen.
Für eine kurze Rast, je länger, desto besser,
um Ruhe aufzunehmen und zu geben.

Charles Dickens (1812–1870)

Nun ist er da, der Heilige Abend. Ein Gefühl von Geborgenheit kommt in mir auf, aber auch Sehnsucht, da ich bei meinem Gedankenspiel auch an liebe Menschen erinnert werde, von denen ich mich verabschieden musste. Dankbar jedoch staune ich über den wertvollen Schatz der Erinnerung, den mir niemand wegnehmen kann.

Die letzten Geschenke stelle ich noch heimlich vor so manche Haustüre. Danach wird der Tisch festlich gedeckt und das Weihnachtsgeschirr verleiht jedes Jahr aufs Neue der Tafel seinen eigenen Charme.

Da die Kinder erwachsen sind, erstrahlt der Weihnachtsbaum bereits im Lichterglanz und wird nicht erst zusammen am Nachmittag geschmückt. Es wird langsam dämmrig draußen und die heimelige, freudige Anspannung steigt. Ich möchte gerne diese besondere Atmosphäre festhalten.

Nach dem Nachmittagsgottesdienst wird die Weihnachtszeit offiziell eingeläutet. Der Klang aller Kirchenglocken lässt uns stille und andächtig werden. Wir vergessen die Welt um uns herum und lauschen.

Mit dem gemeinsamen Abendessen beginnen wir den Heiligen Abend. Es werden Lieder gesungen, die Weihnachtsgeschichte gelesen und ein Gebet gesprochen. Ein „Knistern" liegt in der Luft und man kann die gespannte Vorfreude auf die Bescherung förmlich greifen.

Wir zelebrieren die Verteilung der Geschenke und bringen dadurch die Wertschätzung und Achtung der Gaben zum Ausdruck. Der Abend ist fröhlich und die Freude über den Inhalt von so manchem liebevoll verpackten Päckchen spiegelt sich in den lächelnden Gesichtern wider.

Es kommt nicht auf die Menge oder die Grö-
ße der Geschenke an. Ein persönlicher Brief ist
ebenso wertvoll wie ein kostbares Schmuck-
stück und erfüllt seinen Empfänger mit tiefer
Dankbarkeit. Ach, so könnte es immer sein und
bleiben.

Irgendwann neigt sich aber auch ein schö-
ner Tag dem Ende entgegen, selbst der Heilige
Abend. Doch die Erinnerungen daran bleiben
im Herzen erhalten.

Weihnachtszeit, oh Weihnachtszeit,
wann ist es endlich so weit?
Wenn der erste Schnee fällt leise und sacht,
kündigt er an die herannahende Heilige Nacht?

Ist's, wenn der Christbaum steht
und glänzt in herrlicher Pracht
und all die gepackten Päckchen
deuten auf die besondere Nacht?

Weihnachten ist dann,
wenn die frohe Botschaft im Herzen ist
angekommen
und wir unseren Nächsten
als Bruder und Schwester haben angenommen.

Ja, dann kann jeder Tag ein Weihnachtstag sein,
machet eure Herzen weit,
damit die Liebe Gottes zieht ein.

Nicolas Ortmüller

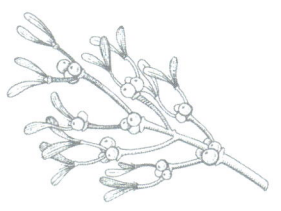

25. Dezember

DER WEIHNACHTSMORGEN

Es ist früh am Morgen, im Haus ist es still, alle schlafen noch. Vorsichtig schleiche ich mich als Sechsjährige auf meinen kurzen Kinderbeinen ins Weihnachtszimmer und öffne die Tür. Ein angenehmer Duft kommt mir entgegen, es riecht nach Tanne und ich möchte diesen Moment ganz fest in meinem kleinen Herzen tragen.

Ich gehe zum Baum und freue mich: Es war kein Traum, alle meine Geschenke sind noch da. Erleichtert beginne ich mit meiner neuen Puppe zu spielen. Ich bin so glücklich über sie und gehe ganz behutsam mit ihr um. Mit meinen kindlichen Augen sehe ich in ihr etwas ganz Besonderes.

An diesen schönen Weihnachtsmorgen kann ich mich nach Jahrzehnten noch sehr gut erinnern. Auch am heutigen Morgen gehe ich schon früh in unser Weihnachtszimmer, möchte diese besondere Atmosphäre von einst spüren, diesen einzigartigen Tannenduft wieder riechen. Die Geschenke von gestern Abend liegen alle noch da und ich freue mich darüber.

Wie schön, wenn wir uns gegenseitig mit Überraschungen und Kleinigkeiten erfreuen können. Ich entdecke die Liebe und Aufmerksamkeit, die in diesen Präsenten zum Ausdruck gebracht wurde, fühle mich reich beschenkt und bin dankbar für die gemeinsamen Stunden. Für alle Freude, Überraschungen und liebevollen Worte, die gesprochen oder geschrieben wurden. Es ist noch dunkel, doch der Weihnachtsbaum strahlt mich bereits erwartungsvoll an und erfreut mich mit seinem prachtvollen Anblick.

Ich koche mir eine Tasse Tee und setze mich still ins Weihnachtszimmer, so wie früher. Dieser Weihnachtsmorgen ist für mich ein heiliger Moment, der mich über die Festtage begleiten will, der auch in den kommenden Tagen in mir leuchten und mir ein dankbares Lächeln ins Gesicht zaubern wird.

Danke Herr, für all die Freude, die wir an Weihnachten erleben dürfen. Die Vorbereitungen, die gemeinsamen Zeiten, die Geschenke und Gespräche, das gute Essen und

die Weihnachtsbotschaft, die jedes Jahr un-
sere Herzen erreicht.
Danke, dass du zu uns auf die Erde gekom-
men bist. Du bist einer von uns geworden.
Danke, lieber Gott, für deine große Liebe und
Güte.
Amen.

Oh du fröhliche

O du fröhliche, o du selige,
gnadenbringende Weihnachtszeit!
Welt ging verloren, Christ ist geboren:
Freue, freue dich, o Christenheit!

O du fröhliche, o du selige,
gnadenbringende Weihnachtszeit!
Christ ist erschienen, uns zu versühnen:
Freue, freue dich, o Christenheit!

O du fröhliche, o du selige,
gnadenbringende Weihnachtszeit!
Himmlische Heere jauchzen Dir Ehre:
Freue, freue dich, o Christenheit!

Johannes Daniel Falk (1768–1826)

26. Dezember

EIN LETZTER WEIHNACHTSTAG

Am Abend des zweiten Weihnachtstages empfinde ich immer eine gewisse Melancholie – schon aus Kindertagen kenne ich dieses Gefühl. Das lang ersehnte Fest ist fast vorüber, die Geschenke sind ausgepackt und bestaunt und die schönen gemeinsamen Stunden verflogen.

Was bleibt zurück von all den Feierlichkeiten?

Welche Gedanken nehme ich mit von dieser Weihnachtszeit?

Was trägt mich an der Schwelle zum anbrechenden neuen Jahr?

Fragen über Fragen ...

Mein Blick fällt auf den geschmückten Weihnachtsbaum. Er hat noch nichts von seiner Schönheit verloren. Mit all seiner Pracht strahlt er mir entgegen und ruft mir förmlich zu: „Trage diesen Glanz und das Licht der

Weihnachtszeit in dir und nehme es mit in die kommenden Tage."

Ich freue mich auf diese besondere Zwischenzeit, die sich doch so deutlich von all den anderen Tagen im Jahr unterscheidet. Das Leben erscheint mir ruhiger, das Jahr ist auf der Zielgeraden und verabschiedet sich langsam, aber sicher.

Lass uns gemeinsam überlegen:

Wie war dein Weihnachtsfest?
Welche Gedanken beschäftigen dich?

Worüber hast du dich am meisten gefreut?
Wie gestaltest du die Tage zwischen den Jahren?

Hast du Vorsätze für das neue Jahr?
Was möchtest du gerne verändern?

Weihnachten – es war immer mein schönstes Fest.

Theodor Storm (1817–1888)

27. Dezember
BILANZ ZIEHEN

Es ist noch früh am Morgen, ich schaue auf die Straße, es ist wenig Verkehr und auch im Haus ist es noch ganz still. Der Tag nach Weihnachten, gerne auch als dritter Feiertag bezeichnet, beginnt später als der gewöhnliche Alltag. Es herrscht noch Festtagsstimmung.

Ich möchte entschleunigen und ausspannen. Diese Zeit zwischen den Jahren ist eine geschenkte Zeit. Die Uhren haben gefühlt noch einen anderen Takt und die Stunden folgen ihrem eigenen Rhythmus in dieser Zwischenzeit. Das Leben hat einen Gang runtergeschaltet. Die Tage bis zum Jahreswechsel sind anders.

Mir liegt es auf dem Herzen, mit dem zurückliegenden Jahr versöhnt auseinanderzugehen. Es ist ein Teil von mir und gehört zu meinem Lebenslauf. Ich frage mich:

Was war gut?

Woran möchte ich festhalten und wovon mich verabschieden?

Welche Beziehungen und Freundschaften möchte ich wieder oder weiterpflegen?

Ich hole mir zwei leere Blätter Papier. Auf dem einen zeichne ich zwei Spalten. In die linke schreibe ich alle schönen Erlebnisse, die sich im Laufe des Jahres ereignet haben und die Spuren und wertvolle Erinnerungen in meinem Herzen hinterlassen haben. In der rechten Spalte trage ich alle Gedanken und Ereignisse ein, die mich bewegt und belastet haben. Auch sie gehören zu diesem Jahr, sind ein Teil der Vergangenheit. Danach halte ich auf dem zweiten Blatt Papier alle meine Gedanken, Fragen und Gebete zu diesen Erinnerungen fest. So kann ich immer wieder darauf zurückgreifen.

Ich bin dankbar, dass Gott mich durch dieses Jahr begleitet hat. Er hat sich mit mir gefreut und hat mit mir geweint, war stets an meiner Seite.

Wenn wir uns bewusst auf diese Gedankenreise einlassen, geben wir uns, aber auch der vergangenen Zeit die Chance, Gutes zu belachen und Schweres zu beweinen. Ein heilender Prozess, wie ich finde. Denn Glück und Leid gehören gleichermaßen zu unserem Leben. Gott ist der Herr über alle diese Zeiten. Mit Dankbarkeit und Demut lege ich ihm alle meine Erinnerungen an sein gütiges Vaterherz, dort kommen auch mein Herz und meine Seele zur Ruhe.

28. Dezember

MEINE KLEINE AUFRÄUMAKTION

So langsam gewöhne ich mich an den Ablauf dieser „besonderen Tage". Die Auszeit bis zum Jahreswechsel ist wie ein nachträgliches Weihnachtsgeschenk. Und immer sind es noch ein paar Tage bis Neujahr. Ich freue mich und genieße, möchte die Stunden am liebsten anhalten.

Die Geschenke liegen noch unter dem Baum, die Weihnachtsplätzchen stehen auf dem Tisch und ich lese erneut und in aller Ruhe die Weihnachtspost mit ihren guten Wünschen durch. Es ist schön, wenn man aneinander denkt und liebe Grüße zu Papier bringt.

Wem habe ich vor Weihnachten einen Brief oder eine Karte geschrieben? Und für wen hat die Zeit nicht mehr gereicht? Vielleicht kann ich den heutigen Tag nutzen, um jetzt nach

Weihnachten auch diese lieben Menschen noch mit ein paar handgeschriebenen Zeilen zu erfreuen.

So manches habe ich in diesem Jahr begonnen und nicht zu Ende gebracht. So vieles wollte ich erledigen: die angefangene Handarbeit endlich fertig machen, die ausgedruckten Bilder sortieren, den angestauten Schriftverkehr in die entsprechenden Ordner einheften – über den übervollen Kleiderschrank schweige ich lieber!

Dabei tut es so gut, Platz zu schaffen und sich von so manchem Ballast zu trennen. Heute habe ich die Zeit dafür. Gedacht, getan!

Gezielt gehe ich in Gedanken durch, was ich alles bis Silvester erledigen möchte und was auch als „Altlast" mit ins neue Jahr genommen werden könnte. Ich muss priorisieren – und nicht ganz ohne Stolz kann ich nach einiger Zeit hinter so manchem offenen Posten auf meiner To-do-Liste wohlwollend einen Smiley setzen. Abgehakt, geht doch!

Eigentlich ging es auch schneller als gedacht. In dieser Zeit ist eben alles anders und ein Hauch von Weihnachten weht immer noch durch die Tage. Zufrieden mache ich mir eine Tasse Tee, genieße die letzten Plätzchen und schaue beseelt, erleichtert und zufrieden in den leuchtenden Tannenbaum.

29. Dezember
VERSPÄTETE WALDWEIHNACHT

Es ist nun an der Zeit für die alljährliche „Waldweihnacht". Diese Tradition haben meine „Lauffrauen" und ich schon seit einigen Jahren auf dem Programm.

Wir ziehen warme Kleidung an, packen Tee, Glühwein und Gebäck in unsere Rucksäcke und gehen altbekannte Waldwege in einem gemütlichen Tempo – sportlich wird's erst wieder im neuen Jahr.

Diese gemeinsame Zeit genießen wir besonders und in unseren Gesprächen lassen wir auch das fast vergangene Jahr noch einmal Revue passieren. Oft denkt man daran zurück, mit welchen Freuden, aber auch Sorgen und Traurigkeiten wir eben jene Wege gelaufen sind, die wir heute ganz ungezwungen entlangspazieren.

Es tut gut, die Erinnerungen an gemeinsame Stunden aufrechtzuerhalten; das verbindet ungemein. Unsere Laufrunden sind uns überaus wertvoll geworden.

Freundschaften sind ein wichtiger Bestandteil im Leben. Beziehungen wollen und müssen gepflegt werden. Es ist nicht immer leicht, gemeinsame Aktivitäten zu planen und dann auch umzusetzen. Bei meinen Freundinnen und mir bleibt es manchmal lange nur bei der Planung – aber dennoch hören wir nie auf, Wünsche zu äußern und Pläne zu schmieden. Und so finden wir immer wieder wertvolle Stunden, die uns verbinden. Einen festen Platz im Jahreskalender hat unser gemeinsames Wochenende im Februar, wo wir immer eine Städtetour unternehmen. Diese Zeit ist uns wichtig und wir freuen uns jedes Jahr darauf.

Heute reflektieren wir aber, statt zu planen. Wir erinnern uns an die zurückliegenden Weihnachtstage und das endende Jahr, sind in der Natur unterwegs, tauschen uns aus und lernen voneinander. Nach einer Weile sind wir am „Frühstücksplatz" angekommen und packen die eingepackten Köstlichkeiten aus.

Es geht uns gut und so stoßen wir fröhlich auf künftige Tage an. Dankbar beenden wir diese „Waldweihnacht" und freuen uns auf das neue Jahr.

Ein Hoch auf die Freundschaft, die die Zeiten überdauert, mit jedem Jahr wächst und immer wertvoller wird!

30. Dezember

ALTJAHRESABEND

Die ersten Böller, abgeschossen von ungeduldigen Zeitgenossen oder schelmischen Kindern, kündigen schon am Morgen den baldigen Jahreswechsel an. Eine Spannung zwischen den Zeiten ist fühlbar.

Einerseits bin ich neugierig und offen, andererseits beschäftigen mich respektvolle und ungewisse Gedanken. Ich weiß natürlich, dass man dem neuen Jahr offener begegnet, wenn man im alten Jahr bewusst das Loslassen gelernt hat. Es ist heilsam, sich von Lasten zu trennen und den Blick frei und offen für neue Möglichkeiten in Richtung Zukunft zu lenken.

Während ich meine Erwartungen reflektiere, bemerke ich aber auch den ein oder anderen Wunsch, den ich mit hinüber ins neue Jahr nehmen werde.

Dabei empfinde ich Freiheit und Tatendrang – die vergangenen Tage haben mir Energie geschenkt. Manches möchte ich noch beibehalten und intensivieren, anderes gerne ändern. Dieses Bewusstsein schenkt mir Gelassenheit und Stärke. Durch die veränderte Sichtweise habe ich die Chance einer Neuausrichtung und kann einen Orientierungswechsel anstreben.

Mit Gott an meiner Seite gehe ich in dieses neue Jahr. Er kennt meine Wünsche, Träume und Vorsätze genau und er weiß um den Zeitpunkt, wann diese sich erfüllen oder besser zerplatzen sollten. Mit dieser Gewissheit bin ich gespannt und neugierig, wie sich das neue Jahr entwickelt.

Gott ist an meiner Seite, an jedem Tag. Da kann ich gelassen und ruhig der Jahreswende entgegengehen.

Was möchtest du gedanklich im alten Jahr lassen? Wo ist ein „Loslassen" notwendig?

Welche Ideen und Vorhaben trägst du mit ins neue Jahr?

31. Dezember

SILVESTERTAG

Silvester – das alte Jahr hat nur noch ein paar Stunden. Die Zeitungen und Fernsehsendungen sind voll von Jahresrückblicken. Das Jahr hat ausgedient und so manch einer hat es gedanklich längst in die Schublade „Vergangenheit" gesteckt.

Doch ein paar Gedanken am Altjahresabend hat es noch verdient, ich möchte einen guten und versöhnlichen Abschluss finden. Auch dieses vergangene Jahr, egal ob es gut oder schwer war, ist ein Teil meines Lebenslaufs, gefüllt mit 365 Tagen voller Aktivitäten. Manchmal sogar randvoll.

Doch nach jedem Tag folgte auch ein Abend mit einer Nacht der Ruhe und Erholung. Jeder vergangene Tag war einzigartig und kann nicht mehr wiederholt oder verändert werden. Eine schöne Gewissheit, die mich aber auch nachdenklich stimmt.

Kann ich tatsächlich ein ganzes langes Jahr auf ein paar Jahresabschlussgedanken reduzieren? Was nehme ich mit an Erfahrungen, Erkenntnissen, aber auch an Vorsätzen und geplanten Veränderungen?

Das Jahr geht zu Ende, das neue steht schon in den Startlöchern. Noch lebe ich in der Schwebe. Vertrauensvoll lege ich Gott das alte Jahr hin, spreche aus, was belastend und was schön war. Ich bete um seine Führung und seine Nähe im neuen Jahr, das nun schon bald mit dem Glockenschlag um Mitternacht beginnt.

Mitternacht, an der Schwelle zum neuen Jahr. Neues Jahr, neues Glück.

Das Farbenspiel der vielen Raketen am Himmel, das muntere Treiben auf den Straßen, die lauten Böller vertreiben meine Nachdenklichkeit. Wie ein Buch mit vielen leeren Seiten liegt es vor mir, das neue Jahr. Allzu gerne wüsste ich, wie lebendig die Buchseiten sich gestalten. Werden mir auch die Überschriften und Inhalte der einzelnen Tage gefallen?

Ich weiß es nicht und diese Tatsache ist auch gut so. Gott ist der Autor meines Lebensbuches, es trägt seine Handschrift. Er weiß um jeden einzelnen Tag und jede Nacht, die dieses noch so junge Jahr mit sich bringen wird.

Gott kennt meine Lebensgeschichte bereits, noch ehe er mich im Mutterleib bildete und mir das Leben gab.

Dankbar, dass ich nicht alleine über diese Schwelle zum neuen Jahr schreite, erbitte ich Gottes Segen.

> *Denn ich allein weiß, was ich mit euch vorhabe: Ich, der Herr, werde euch Frieden schenken und euch aus dem Leid befreien. Ich gebe euch wieder Zukunft und Hoffnung.*

Jeremia 29,11

1. Januar

NEUJAHRSTAG

Nun ist es da, das neue Jahr. Wir haben es begrüßt und Neujahrswünsche ausgetauscht.

Es hat angefangen zu schneien und eine dünne Schneedecke überzieht die Natur. In der Sonne glitzert und funkelt die weiße Pracht, alles sieht noch frisch und friedlich aus, unberührt wie dieses neue Jahr.

Welche Spuren werde ich hinterlassen, welche Gangart wählen? Werden die Wege immer gerade verlaufen oder werde ich auch Umwege gehen müssen?

Vielleicht wird sich auch so mancher Stolperstein auf meinem Jahresweg finden, der mich nötigt, eine andere Richtung einzuschlagen. Bin ich dafür bereit?

Ich habe viele offene Fragen, aber ich habe auch einen Vater im Himmel mit offenen Ohren. Er streckt mir liebevoll seine Hände entgegen und ich will ihm vertrauensvoll meine Hand reichen.

Vorsichtig mache ich die ersten Schritte und hinterlasse frische Spuren. Der Anfang ist gemacht und ich gehe mutig voran. Mit Gott an meiner Seite fühle ich mich behütet und geführt.

Das neue Jahr kann kommen, ich bin bereit!

Von allen Seiten umgibst du mich und hältst deine schützende Hand über mir.

Psalm 139,5

123

MARMELADEN-PLÄTZCHEN

WAS KOMMT REIN?

300 g Mehl

120 g Puderzucker

1 Päckchen Vanillezucker

1 Prise Salz

1 Ei

200 g Butter

1 Eigelb zum Bestreichen

150 g Marmelade nach Wahl

Puderzucker zum Bestäuben

WIE FUNKTIONIERT'S?

Mehl, Zucker, Vanillezucker, Salz, Ei und Butter vermischen und zu einem glatten Teig kneten. Zu einer Kugel geformt circa 1 Stunde kaltstellen.

Anschließend den Teig ausrollen und mit einer Plätzchenform ausstechen. Aus der Hälfte der Plätzchen mit einer kleineren Form Herzen, Kreise oder Sterne ausstechen. Die Plätzchen werden nun mit Eigelb bestrichen und kommen für circa 15 Minuten bei 160 °C in den vorgeheizten Backofen.

Sind die Plätzchen ausgekühlt, können die oberen Ringe mit Puderzucker bestreut und die unteren Hälften mit Marmelade bestrichen werden.

Zum Schluss die beiden Hälften zusammenfügen und genießen.